Creature Achicharr

Un Libro Sobre Burlas

Cuento de Robert Broughton

Illustraciones de Kira Westland

Traducido al español por Sharon Diaz & Gabriela Ratcliff

ISBN-13: 978-1544741833

ISBN-10: 1544741839

Lo Que La Gente Dice Sobre Criatura Achicharrada

" Robert Broughton le ha dado una arma valiosa a la enseñanza en la pelea contra el acoso y/o burla - Criatura Achicharrada es emotiva, profunda, y altamente reveladora a los eventos actuales – Creo que esta historia puede llegar a ser una diferencia!"

Charles Carrick, Ed. D., J.D, Profesor de Educación Superior de la Universidad Lee

"Tengo el placer de recomendar el libro Krispy Kritter: Un Libro Sobre Burlas. "Su mensaje habla a los problemas del pasado y del presente y específicamente a todos los escenarios donde gente joven se reúne. Más que nada, este libro hace pensar a todos ya sea como testigos de, autor de, o víctima de los muy dañinos efectos de las burlas y el acoso. Este libro tiene un final triunfante y se espera que a través de su uso, otras vidas y sus historias sean re-escritas positivamente para enfrentar a la vida con esperanza y no como una tragedia. El señor Broughton ha dedicado su vida a la terminación de tal, y como evidencia está la producción de este manuscrito. "

Dr. Patricia McClung Ed. D, Profesor Asistente de Educación Especial de la Universidad Lee

"Miles de niños sufren silenciosamente cada día ante los efectos de apodos y burlas de los compañeros de clases. El problema del acoso se está convirtiendo rápidamente en un serio problema en la sociedad actual y está afectando negativamente la vida de los estudiantes. Como educadores, debemos de usar cada recurso disponible para ayudar a apoyar a las víctimas y educar a todos los niños sobre el daño que esto puede ocasionar en otros. Krispy Kritter da a los niños una visión interior sobre lo que se siente ser burlado y muestra la belleza y el valor de cada individuo - no importando como sea tu apariencia externa. "*Dr. Judy Gilreath, Rector de las Escuelas del Condado de Whitfield, Dalton, Georgia.*

"KRISPY KRITTER por Robert Broughton, MS, está bien escrito y puede ser leído por niños de primer a quinto grado. Las preguntas de discusión y la Auto-

Evaluación al final del libro pueden ser usadas por maestros de salón de clases y padres de familia para ayudar a los niños a entender del/el impacto del acoso y ayudar a los niños a saber cómo manejar una situación de acoso. El acoso ha estado presente desde el principio de los tiempos. En esta época de tecnología, el acoso ha tomado una forma más agresiva que no descansa. Cuando leí este libro, fui conmovida por la emoción de Suzy y por su determinación. El tener padres que la apoyaron, hizo una gran diferencia. Este libro ayuda a los niños a entender que las palabras pueden lastimar y que tales pueden ser recordadas por mucho tiempo, no solo por los niños que están siendo acosados sino por el acosador también. Este libro puede ser un buen recurso tanto para la escuela como para la casa." *Linda C. Cagle, Ed. S. Chattanooga, TN*

"Puedo ver el valor tan significativo de este trabajo, en todos los niveles de educación pre-universitaria, especialmente en los niveles de primaria y secundaria. Me impresionó el hecho de que esta historia progreso a través del tiempo hasta la juventud. Este identifica claramente los diferentes enfoques que pudieron tomarse (apropiados e inapropiados) tanto en los individuos que pudieran estar involucrados y los efectos a largo plazo que pudieran manifestarse en sí mismos. Las preguntas y las hojas de trabajo, proveen una excelente plataforma para el diálogo entre los estudiantes preocupados por los efectos del acoso y el manejo efectivo y constructivo de este reto de la personalidad de los estudiantes. Puedo ver esto, como una valiosa herramienta en las manos de los maestros, consejeros, y padres para motivar el comportamiento constructivo entre una población sensitiva y en desarrollo." Robert P. West, Ph.D. Universidad Lee

Introducción

(Basado en hechos de la vida real)

Este libro está dedicado a mi esposa Donna quien me inspiró para compartir su historia de años de ser objeto de burlas debido a las quemaduras que sufrió cuando tenía seis años de edad. Donna aprendió a hacer frente a sus verdugos siendo amable, fuerte y, a veces asertiva. Decidió ir a la universidad y convertirse en una enfermera. Como la vida tiene muchas lecciones, uno de sus verdugos se encontró en/a su cuidado después de muchos años de burlas y el acoso implacable. El se encontró con las mismas manos quemadas de las que hacia burla salvando su vida, en una sala de emergencias.

Este libro es una herramienta para ayudar a los niños a resolver con sus compañeros cuando estén siendo agredidos o burlados. Este libro está diseñado para promover el pensamiento crítico, resolución de problemas y la importancia de la comunicación con los adultos responsables. Los niños deben aprender a resolver su problema con una forma diferente de pensar, en lugar de la misma manera de pensar que creo el problema.

Bang…Bang…Ping…Crrrasshhh……….

"Susy… ¿Qué estás haciendo en la cocina, le gritó su mamá?"

"Estoy jugando a la cocina," dijo Susy.

"Será mejor que te mantengas alejada de esos gabinetes, jovencita.", dijo la mamá de Susy.

Susy amaba la escuela. Ella siempre estaba haciendo nuevos amigos y todos eran amigos de ella.

Una mañana, mientras su mamá estaba tomando una siesta en el sofá, Susy se fue de puntitas hasta la cocina y sacó una caja de cerillos que estaba en el gabinete.

Susy se regresó de puntitas, pasando al lado de su mamá y se fue al baño. Ella cerró la puerta …. Squeakkkkkeeee.

Ella se sentó en el piso y empezó a jugar con los cerillos, prendiendo uno después del otro. Entonces de repente ella se quemó un dedo y dejó caer el cerillo arriba de su bata de dormir.Ella gritaba mientras que las flamas empezaban a esparcirse.

La mamá de Susy la escuchó y gritar y corrió a ayudarla.

Su mamá marcó el 911 y una ambulancia vino a llevarla al hospital.

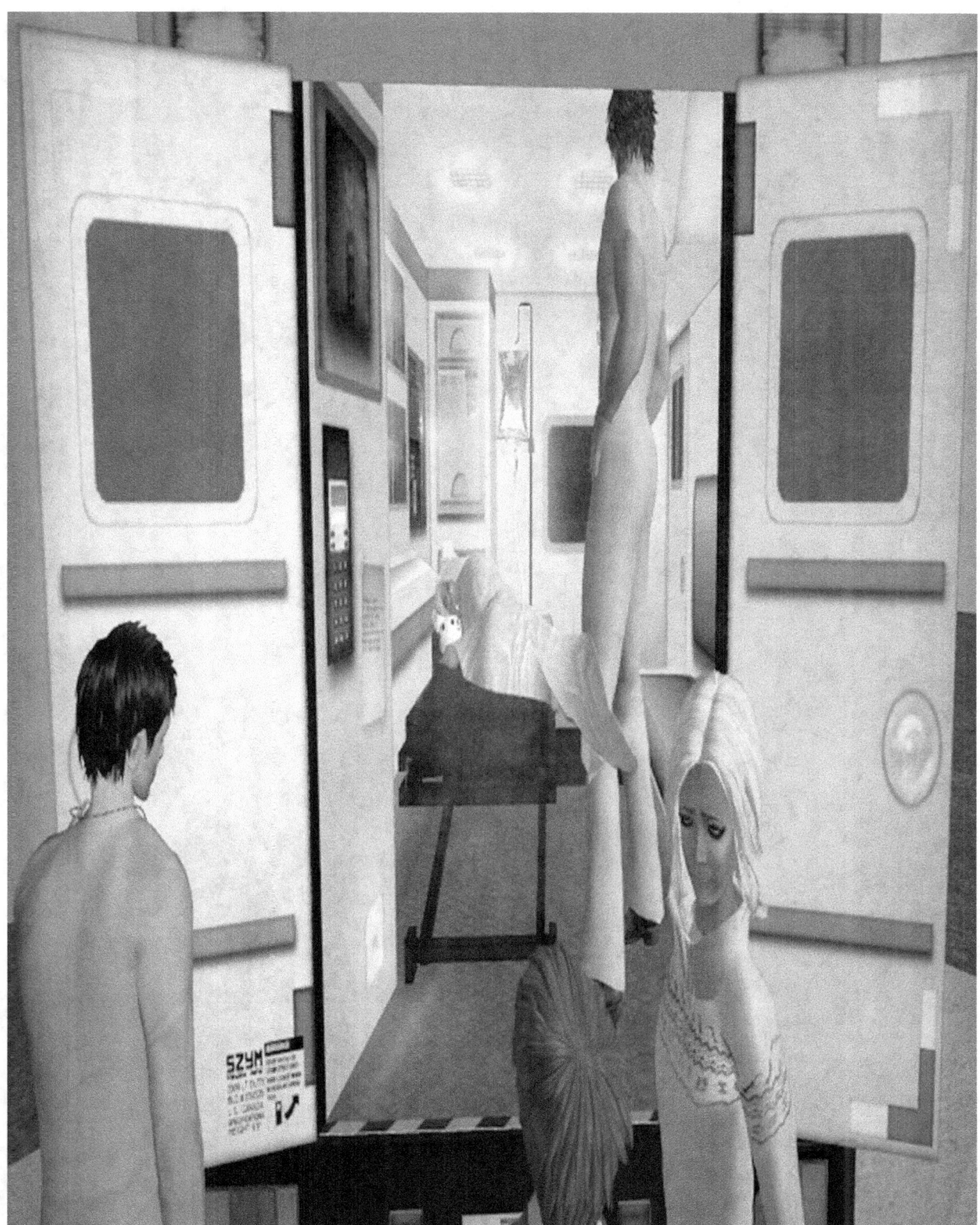

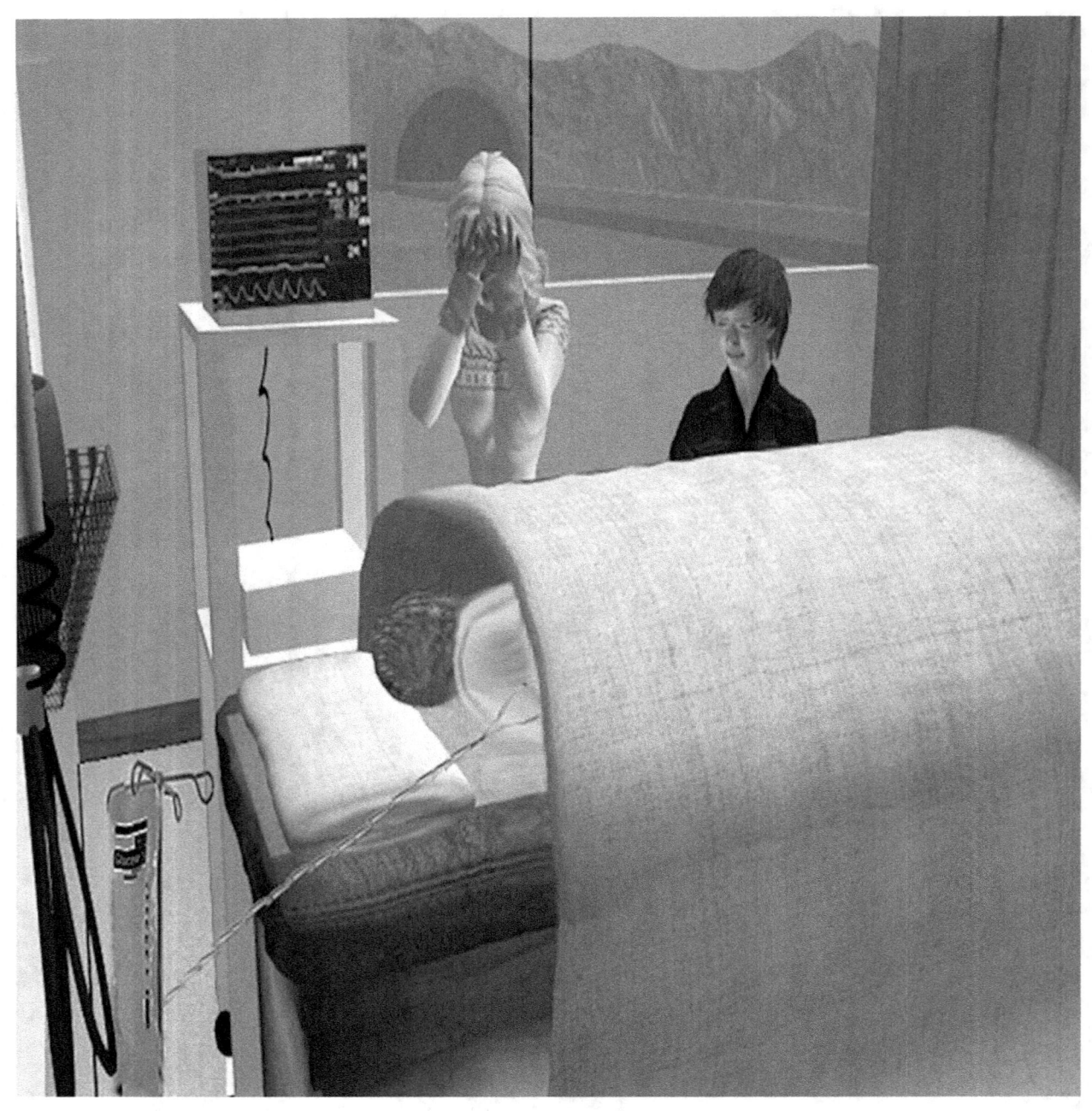

Susy despertó al siguiente día en el hospital. Su cuerpo estaba cubierto de quemaduras y cubierto de vendas.

Después de semanas de estar en el hospital, Susy se fue a casa y pudo regresar a la escuela. Ella bajó corriendo las escaleras gritando, "¡Ya llegó el camión!"

Ella salió disparada para subirse al camión.

Cuando ella se subió al camión, nadie dejaba que se sentara con ellos. Ni siquiera su mejor amiga Bonnie. Ella terminó sentándose con su hermano David.

Cuando ella se bajó del camión, ella se dio cuenta que los demás niños estaba murmurando y señalándola. Una vez que ella llegó al salón de clases, ella escuchó a alguien gritar ***criaaaaatuuuuuuraaaa achiiiichaaaarrraaadaaaa.***

Cuando la maestra Ziegler entró al salón todos dejaron de burlarse de ella.

Nadie quiso almorzar con ella o jugar en el recreo. Los estudiantes se burlaban de ella cuando la maestra no Ziegler no los estaba mirando.

Cuando sonaba el campana, los niños gritaban …

 "Criatura Achicharrada, vete de aquí." Alguien mas gritó, "Hey pan tostado, tu cerebro es un huevo revuelto."

Ellos se reían y la señalaban hasta hacerla llorar.

Susy se bajó del camión derramando muchas lágrimas. Ella le dijo a su mamá, "Ellos se burlan de mí. Algunos de ellos me llaman Criatura Achicharrada, y se ríen de mí. "

Su mamá le dijo, "Tus amigos necesitan mirar más allá de tus cicatrices y acordarse de la amiga que tenían en ti antes del accidente."

Susy no entendía por qué sus cicatrices habían cambiado el cómo sus amigos la trataban ahora. Ella se iba a su cuarto con el corazón roto, triste, y sola.

Susy no quería ir a la escuela. Ella le decía a su mamá que estaba enferma.

Su mamá le dijo, "Tú no puedes alejarte de la gente porque ellos son malos contigo. Cree en ti misma, defiéndete de ellos y dales un mensaje.

¿Qué es un mensaje?", preguntó Susy.

Su mamá le dijo, "Es cuando le dices a alguien como te sientes acerca de la forma en la que te están tratando." "¿Tú quieres decir que les debo de decir que no me gusta que se estén burlando de mí?, ella preguntó.

"Sí, diles cómo te sientes cuando se burlan de ti. Hazles saber que su comportamiento no es el mejor.", su mamá le dijo. "Y habla con tu maestra y tu consejera. Ellas podrán ayudarte. "

Un día en la escuela mientras estaban en el recreo, su compañero Tim se le acercó y la empezó a llamar "Criatura Achicharrada."

Otros niños se le unieron y le llamaban Cenicero Apestoso y Pan Tostado.

Susy se empezó a asustar.

Ella corrió al salón y abrazó a su maestra diciéndole llorando, "¡No quiero estar aquí! ¡Quiero irme a mi casa!"

La maestra Ziegler le preguntó, "¿Qué te pasa?"

Susy le dijo de como Tim y otros niños se había burlado de ella. La maestra Ziegler llamó a todos los estudiantes y los regañó.

Ella les dijo que no estaban dando lo mejor de sí mismos.

Susy sabía que la consejera de la escuela podía ayudarla con cualquier clase de problemas, especialmente cuando ella se sentía triste.

Tim siempre se metía en problemas por fastidiar y por burlarse de Susy.

Al pasar de los años, la amistad entre Susy y otros mejoró, excepto con Tim.

Un día Tim y sus amigos se le acercaron y le empezaron a decirle cosas.

Susy volteo y les dijo, "¿Cuándo van a crecer?, ¡No me gusta que me estén poniendo apodos! ¡Yo no puedo cambiar como me veo, pero Ustedes si pueden cambiar la forma en como me tratan!

Susy decidió que ella tenía que hacer algo positivo con su vida; ella no iba a permitir que sus cicatrices o que nadie le impidiera ser feliz.

Ella fue con el consejero a pedir información sobre carreras y oportunidades de trabajo.

Susy siempre iba con sus papás y le platicaba sus problemas, anhelos y sueños. Su familia la animaba y la ayudaba a tomar buenas decisiones.

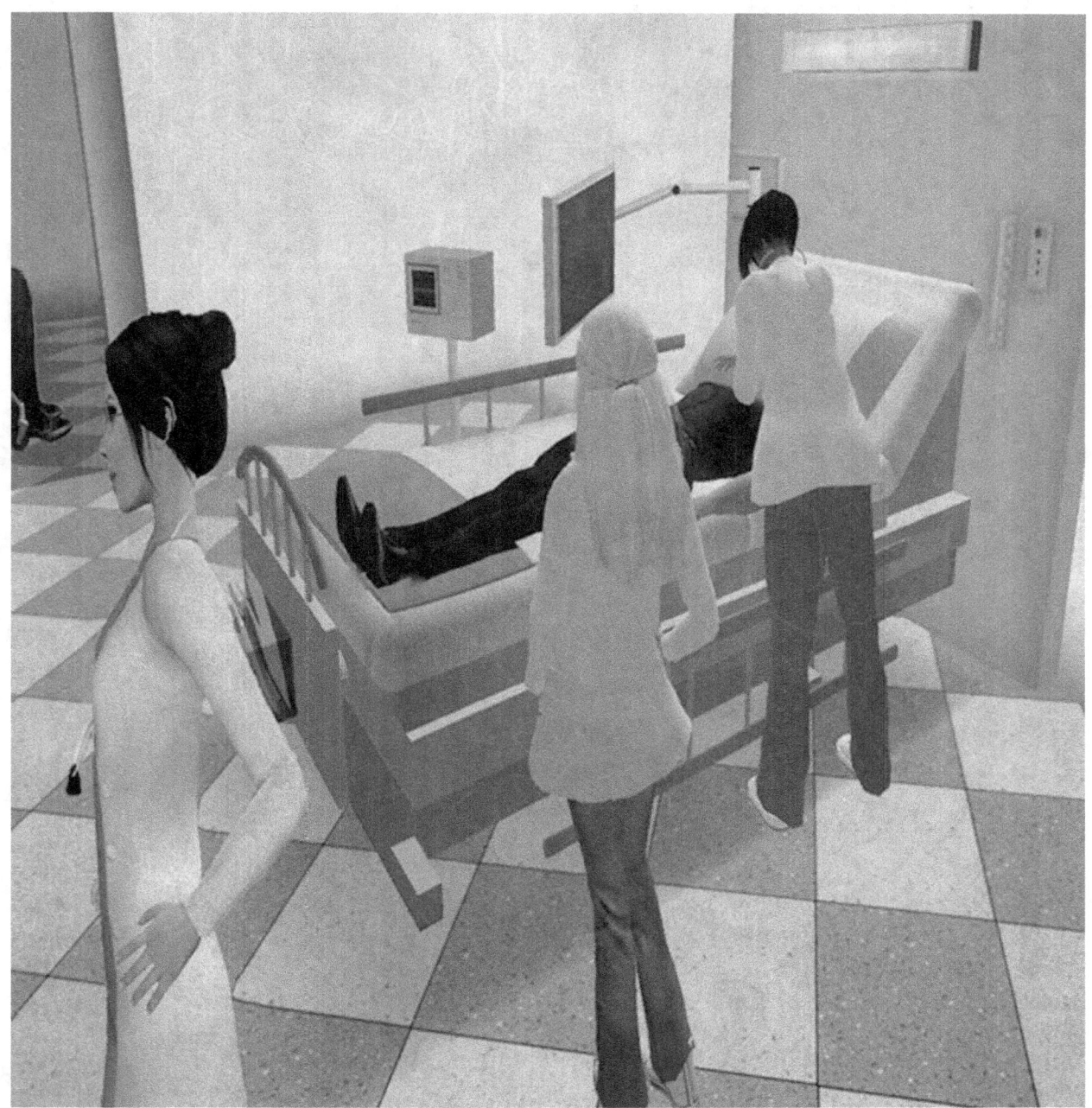

Durante su último año de preparatoria, ella pudo ser practicante en un hospital. Ella decidió que iba a ir a la universidad para convertirse en una enfermera.

Susy se graduó de la universidad con honores y reconocimientos. Ella estaba emocionada de su nueva carrera profesional que le era posible ayudar a otros.

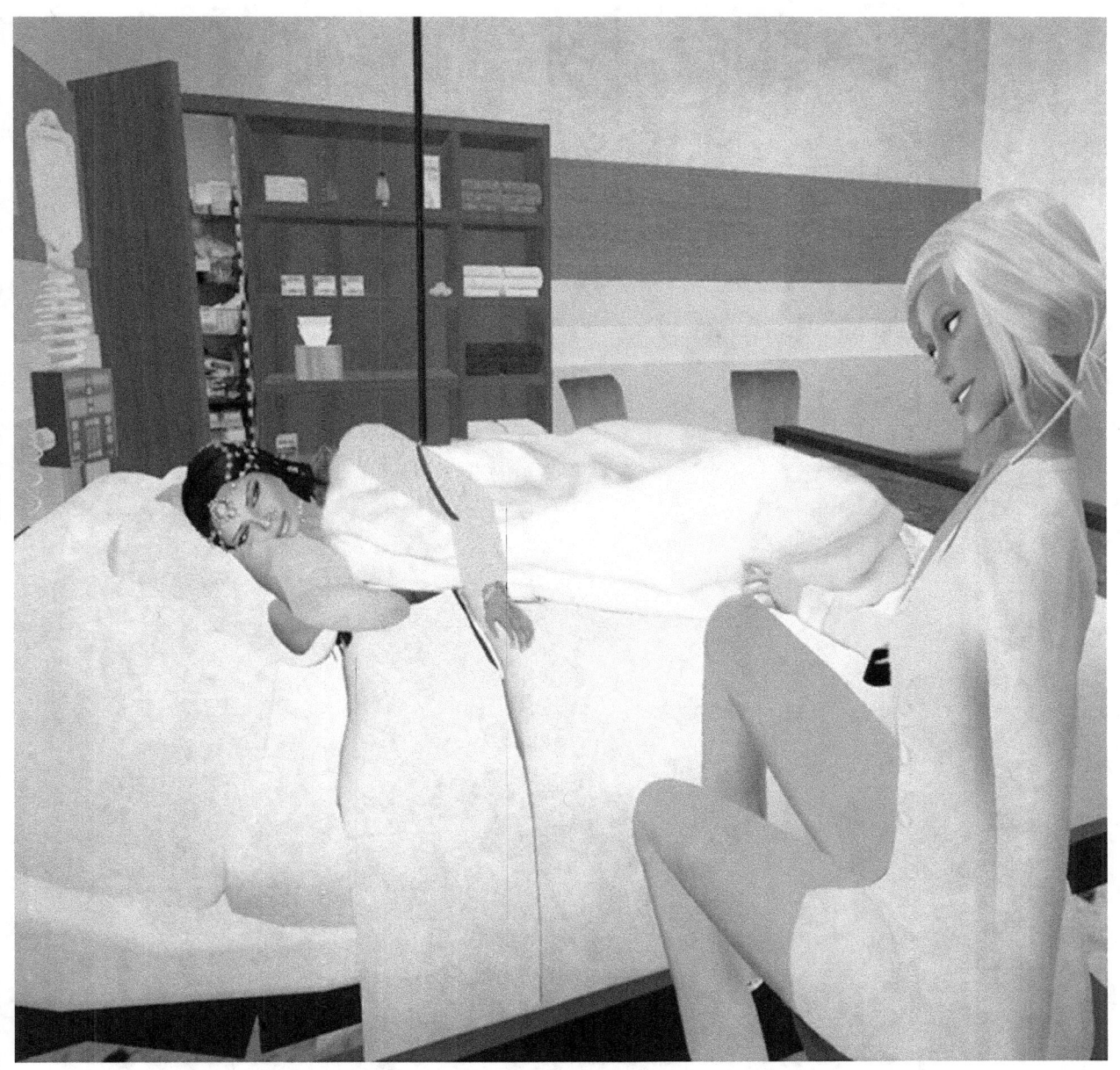

Susy trabajaba en el hospital y amaba la emoción de la sala de emergencias.

De repente una ambulancia llegó a la puerta de emergencias y Suzy fue a ayudar con el paciente.

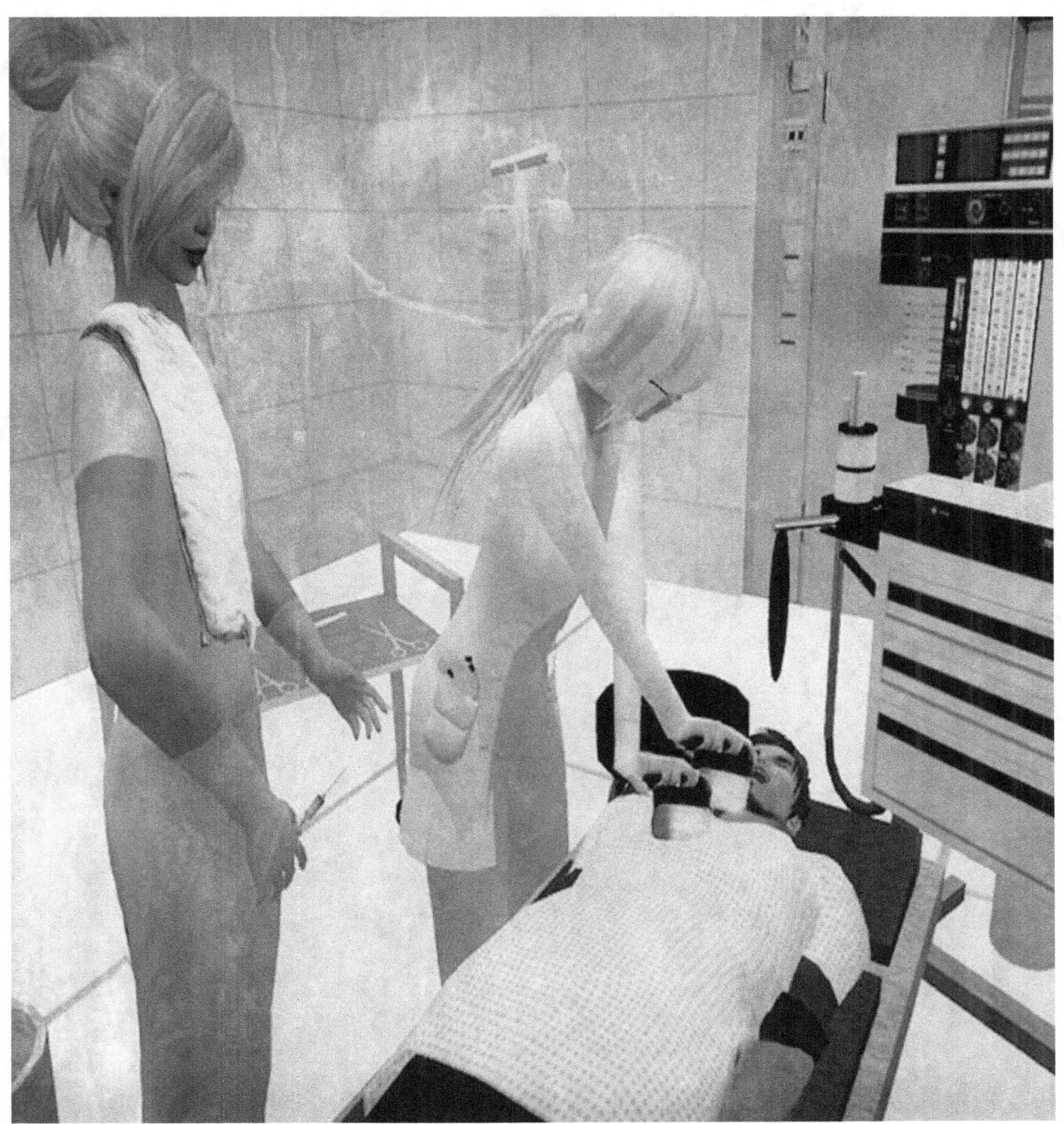

Ella sabía que su paciente corría peligro. Ella gritó, "Código Azul." Le dio un choque eléctrico para que su corazón volviera a la vida.

Suzy salvo la vida del hombre. Ella regresó a su trabajo ayudando a otros.

Unas semanas después, el supervisor de Suzy le dijo que ella tenía un visitante. "¿Sabes quién es él?" ella preguntó. El supervisor dijo, "¡No, él dijo que te conocía!"

Suzy caminó hacia la sala de espera hacia el hombre sentado en el sillón. "Le puedo ayudar señor", preguntó Suzy. "¿No me reconoces verdad?", él dijo. "No, realmente no." Ella dijo. El hombre la miró a los ojos y dijo. "Soy Tim el de la escuela." Y luego él empezó a llorar.

Tim dijo, "Hace unas semanas tú salvaste mi vida en la sala de emergencias. Mi esposa dijo que tu rapidez en/y tus cuidados médicos me salvó la vida. Vine aquí a agradecerte por ayudarme y a pedirte que me perdones por todas las cosas malas que te hice en la escuela." Suzy estaba sorprendida; no supo que decir.

Suzy les dio un abrazo a los dos y les dijo, "Debemos tomar buenas decisiones y darnos la oportunidad de dar lo mejor. Solo deseo lo mejor para Ustedes dos. Cuídense."

Suzy se despidió sintiéndose bien consigo misma. Ella finalmente supo que no podía cambiar como la gente la miraba. Lo único que ella podía hacer era ser amable con ellos y tratarlos correctamente y esperar que un día la trataran de la misma forma.

El Fin

Preguntas de Comprensión

1. ¿Cuál fue la mala decisión que tomó Suzy cuando estaba jugando en la cocina?

2. ¿Qué cosas haría Suzy por otros?

3. ¿Cómo trataron a Suzy en el autobús?

4. ¿Cuáles son algunas de las cosas que Tim le decía?

5. ¿Cómo se sentía Suzy al regresar a la escuela?

6. ¿Quién acosaba a Suzy?

7. ¿Quién era la mejor amiga de Suzy?

8. ¿Qué tipo de mensaje le dio su madre a Suzy hacia los estudiantes que se burlaban de ella?

9. ¿Qué es un Auto- mensaje?

10. ¿Cómo ayudo Suzy a Tim que causo que el se sintiera avergonzado por como la había tratado?

11. ¿Cómo trató Suzy de esconder sus cicatrices?

12. ¿Cómo te sentirías tu si tus amigos te trataran de la forma que trataron a Suzy?

13. ¿Un Auto-Mensaje siempre funciona?

Auto-mensajes y Asertividad

En la comunicación interpersonal, los auto-mensajes son una afirmación sobre sentimientos, creencias, valores, etc. de las personas hablando, generalmente expresados con una oración que empieza con la palabra "YO", y es contrastado con "TU/Usted mensaje", el cual empieza con la palabra "TU/Usted" y se enfoca con las personas con las que se está hablando. Para usar un auto-mensaje de forma exitosa, debe de haber congruencia entre las palabras utilizadas y el afecto, tono de voz, expresión facial y lenguaje corporal. Son tres partes de los auto-mensajes, llamados auto-mensajes "confortativos", los cuales se componen de las siguientes partes:

- La conducta presentada por el oyente se caracteriza por no inculpar.

- El efecto producido por el hablante

- Los sentimientos del hablante sobre ese efecto.

Empiece por escribir "Auto-mensaje" en la pizarra. Explique que hoy los alumnos aprenderán que es un auto-mensaje y como construir uno.

Un auto-mensaje es una forma de ser fuerte sin ser malo (esto es ser asertivo) cuando uno se enoja o se molesta o esa en desacuerdo con los hechos realizados por alguien. La fórmula de un auto-mensaje es la siguiente:

Me siento _____ (diga el sentimiento) cuando tu

_____ (describa la acción) porque

_____ (diga porque la acción está conectada con sus

sentimientos)

El auto-mensaje es diferente a un "TU-mensaje". En el "TU/Usted mensaje", tu/Usted ataca a la otra persona, juzgándola(o) y en ocasiones llamando a la persona con otros nombres o apodos.

Por ejemplo: Tim y los otros le ponían apodos a Suzy y una vez que Suzy aprendió a usar los auto-mensajes muchos alumnos pararon de llamarla con otros nombres porque ellos entendieron que esto lastimaba sus sentimientos. Pida a los alumnos que les de ejemplos/ escenarios donde ellos puedan usar auto-mensajes cuando alguien se esté burlando de ellos.

Pregunte a la clase:

¿Cómo creen que Tim se sienta si Suzy le llame estúpido? Es posible que él deje de ponerle apodos a Suzy? ¿Por qué? Y ¿Por qué no?

En esta situación, ¿cuál sería el auto-mensaje? Obtenga auto-mensajes de sus alumnos (Por ejemplo: Un alumno toma un I-Pod que no le pertenece sin su permiso) ¿Cuál sería el auto-mensaje que se le puede dar?

Los auto-mensajes también pueden ser usados para expresar sentimientos positivos. (Por ejemplo: Suzy le dice a Bonnie "Me siento muy emocionada que tu vayas al centro comercial conmigo, siempre nos divertimos cuando estamos juntas.") Motive a los alumnos a que compartan otros ejemplos.

Conversación:

¿Qué puede comentar sobre los auto-mensajes y los Tu/usted mensajes? ¿Puede visualizarse utilizando un auto-mensaje cuando se sienta molesto o piense llamar a alguien con un apodo o sobre nombre? ¿Por qué? ¿Por qué no

Practicar-Practicar

Es importante practicar los Auto-Mensajes antes de que los conflictos empiecen entre los estudiantes. Recuérdales antes de que vayan a almorzar, al gimnasio, al recreo u otra actividad donde haya menos supervisión y las emociones fuertes pueden tomar el control e interferir con la expresión clara. Nuestros días se consumen con la enseñanza y el aprendizaje, es importante planificar realmente en la práctica de los Auto-mensajes de 5-10 minutos al día, al menos, dos o tres veces a la semana hasta que los niños aprenden a dominarlos. Esta es una habilidad de afrontamiento proactivo que puede ayudar a prevenir problemas futuros que podrían tomar mucho más tiempo para resolver.

Que practiquen los Auto-mensajes entre sí en clase. Crear obras de teatro con un escenario en el que los estudiantes tienen que usar Auto-mensajes. También crear escenarios donde puedan dar información sobre el incidente en lugar de dar solo el Auto-mensaje. Es importante que ellos entendiendo que el mensaje no es garantía de que alguien detendrá el comportamiento por lo que necesitan saber cuál es el siguiente paso. La regla de oro, si se han dado dos Auto-mensajes a alguien por burlarse de ellos, la próxima vez deben reportar a la persona por su mal comportamiento. Este método hace que sea más fácil para resolver la situación debido a que el estudiante ha hecho todo lo posible con la situación. A continuación, el adulto se involucra para ayudar a encontrar una solución al problema entre los estudiantes.

Una vez que los alumnos dominen el uso de los auto-mensajes, Usted puede explorar con ellos el significado real de "ser fuerte", "ser malo/desagradable" o "darse por vencido". Después de conversar con el significado de estas palabras, comparta con ellos estas definiciones.

Ser **fuerte**= ser amable y respetuoso con la otra persona y a la misma vez firme de sí mismo.

Ser **malo/desagradable**= haciendo algo para lastimar a alguien (físicamente o sus sentimientos) o usando fuerza o amenazando para que hagan algo que ellos no quieran.

Darse por vencido= siguiendo lo que la otra persona quiere que haga aun y que no se quiera hacer.

- Revise los hechos que le que sucedieron a Suzy.

Cuando Suzy se enfrentó a Tim diciéndole como ella se sentía cuando él le llamaba sobrenombres o apodos, ¿Qué más pudo hacer ella para demostrarle como ella se sintió?

- ¿Cuáles fueron las cosas malas o desagradables que le hicieron a Suzy?

- ¿Cuáles fueron unos ejemplos en donde Suzy se dio por vencida a la burla? ¿Qué le dijo su mamá que tenía que hacer al respecto?

Converse diferentes escenarios o situaciones que su clase esté teniendo dificultad. De ejemplos de cómo ser "fuerte" o "asertivo":

- Un amigo toma cosas de tu escritorio sin preguntarte.

- Le dices un secreto a un amigo(a) y él/ella revela el secreto a otras personas.

- Sientes que el maestro es injusto

- Sus compañeros no lo dejan jugar con ellos.

- Es testigo que su compañero se copió de su examen.